AF607404

Cualquier forma de reproducción, distribución, comunicación pública o transformación de esta obra solo puede ser realizada con la autorización de sus titulares, salvo excepción prevista por la ley. Diríjase a CEDRO (Centro Español de Derechos Reprográficos) si necesita fotocopiar o escanear algún fragmento de esta obra (www.conlicencia.com. 91 702 19 70)

©Texto: Irene Revuelta, 2025.

©Prólogo: Nacho Ortega, 2025.

©Edición: Invasoras, 2025.

DL ZA 163-2025

ISBN: 978-84-18885-62-4

http://www.edicionesinvasoras.com

FUCKING MONEY MAN

Irene Revuelta

ACTA DEL FALLO DEL JURADO DEL PREMIO NACIONAL DE TEXTOS DRAMÁTICOS "DULCE POR AMARGO" 2024
XIIIª EDICIÓN

En Gijón, a las 17:00h. del 24 de marzo de 2025, se reúne el jurado seleccionador del Premio Nacional de Textos Dramáticos *"Dulce por amargo"* en su XIIIª edición para fallar el ganador/a de este certamen.

COMPOSICIÓN DEL JURADO

D. Antón Caamaño Vega (Doctor en artes escénicas por la universidad de Vigo, actor y director de la compañía profesional *Producciones Nun Tris*).

D. Roberto Corte Martínez (Dramaturgo, director de escena y teatrólogo).

D. Diego García Vázquez (Actor y *Premio Internacional Acotaciones en la caja negra 2024* y *Premio culturaquí, textos teatrales 2024*).

Una vez analizados cada uno de los textos objeto de valoración y realizada la puesta en común de las preceptivas deliberaciones, se procede a otorgar por mayoría el premio establecido en las bases con el siguiente resultado:

Por la actualidad de su retrato de la desigualdad en las relaciones interpersonales en el contexto empresarial y destacando el ritmo trepidante de sus diálogos y el tratamiento de los roles de género.

FUCKING MONEY MAN de Irene Revuelta

Además, los componentes del jurado destacan la alta participación y calidad de los textos presentados, haciendo mención especial a:

- "De profundis"
- "Trinchera de elefantes"
- "Mujeres que leen a Silvia Plath"

Se acuerda, conforme a las bases establecidas hacer pública el acta el día 27 de marzo. Finalizada la reunión, se levanta acta con la conformidad de las personas asistentes, siendo las 18:25h. del día 24 de marzo.

D. Leopoldo García-Pumarino Céspedes, secretario de estas deliberaciones.

PRÓLOGO A LA PRIMERA EDICIÓN

Nacho Ortega

Para todas y todos los que pretendemos contribuir al desarrollo de una sociedad que se cimente en la igualdad de derechos, sin distinción, que dé visibilidad a las personas que viven en situación de desigualdad y que entienda la diferencia como riqueza y no como motivo de vejación o explotación, promocionar a los nuevos creadores para que, a través de la escritura teatral, contribuyan a construir un mundo justo, se convierte no sólo en un orgullo sino en una obligación moral. y por ende, si se hace prologando a una dramaturga como Irene Revuelta, ganadora del XIII Premio DULCE X AMARGO, que con su escritura precisa y descarnada utiliza el teatro como herramienta de pensamiento crítico... ¿no se convierte en un binomio perfecto para reivindicar un mundo que no es este que nos está tocando vivir?

En *Fucking Money Man* late una verdad incómoda: la del sujeto contemporáneo atrapado entre la ilusión del éxito y la devastación silenciosa de su propia humanidad. Irene Revuelta levanta un espejo frente a la oficina, ese templo moderno donde se adoran los dioses del rendimiento, y nos obliga a mirar el rostro alienado de quienes viven bajo la tiranía del "más". Más contratos, más visibilidad, más dinero. Una cadena de oro que asfixia con elegancia.

En un tiempo, como señala Byung-Chul Han, en que la productividad se confunde con el valor humano y la eficiencia con la virtud moral, la autora disecciona con precisión quirúrgica el corazón del mundo corporativo contemporáneo, revelando la anatomía de la precariedad emocional y moral que define la vida laboral del siglo XXI. Su texto no habla de fábricas ni de obreros, sino de despachos, correos electrónicos y evaluaciones de desempeño. Es el retrato del nuevo rostro de la explotación.

La acción transcurre en una oficina que podría ser cualquiera. Allí, los personajes encarnan los distintos grados de una jerarquía que ya no necesita látigos ni gritos, sino métricas, rankings y objetivos. El poder se ejerce desde la apariencia de lo razonable y la violencia se disfraza de procedimiento. El jefe se convierte en un sacerdote del rendimiento, encargado de garantizar que cada miembro del equipo confunda obediencia con compromiso. La jerarquía, más que estructura organizativa, es una forma de fe: se obedece porque se cree que solo así se puede existir.

Karl Marx habría reconocido en estos personajes la forma más depurada de la alienación laboral: seres que ya no se pertenecen, sino que se ofrecen —como productos— al mercado de las evaluaciones, las jerarquías y los bonus. El lenguaje corporativo, que en la obra se convierte casi en liturgia, es la voz del capital hablando a través de ellos. Cada conversación telefónica, cada silencio en la oficina, cada gesto de subordinación confirma que el trabajo ha colonizado la subjetividad hasta convertirla en un campo de batalla entre obediencia y deseo.

El realismo que propone Revuelta no es costumbrista, sino clínico; pensemos en el bisturí intelectual de Juan Mayorga o en la crudeza confesional de Angélica Liddell, lo que se muestra no es el decorado de la oficina, sino la psicología de quienes la habitan. El teatro se transforma en un laboratorio lingüístico donde las palabras ya no comunican, sino que administran. La jerga empresarial sustituye a la emoción; el rendimiento, a la verdad. En este universo, el poder no grita, se gestiona.

Irene Revuelta explora con especial agudeza la dimensión del capitalismo emocional, ese sistema que ha aprendido a gestionar no solo el tiempo de trabajo, sino también los afectos. El entusiasmo, la sonrisa o la disposición a sobrecargarse de tareas se vuelven capital simbólico; la empatía, en cambio, se considera una debilidad. Las emociones no se reprimen: se monetizan. Cada gesto de docilidad, cada silencio cómplice refuerza una maquinaria que promete reconocimiento a cambio de sumisión.

La precariedad que atraviesa la obra no es solo económica, sino identitaria. Los personajes viven en un estado de inestabilidad psicológica, obligados a reinterpretarse según las expectativas del superior. El miedo a ser reemplazado o invisibilizado actúa como motor invisible de sus acciones. Cuanto más se habla de "talento", menos espacio queda para la individualidad; cuanto más se exige autenticidad, más impostada se vuelve la vida interior.

El texto aborda también, con sutileza y contundencia, la desigualdad de género como estructura de fondo. El cuerpo femenino —su ropa, su gesto, su silencio— se convierte en territorio de observación, comentario y control. La violencia patriarcal se filtra en los diálogos anodinos, en los elogios disfrazados de consejo, en los silencios que sostienen la jerarquía. La obra no necesita pronunciar la palabra "acoso" para que su presencia sea insoportable: basta el tono, basta el silencio.

Pero *Fucking Money Man* no es una denuncia panfletaria. Es una tragedia íntima donde el poder se manifiesta en los detalles: una conversación trivial, un elogio paternalista, un comentario sobre una falda. La violencia no estalla, se insinúa; no destruye cuerpos, sino conciencias. Es el teatro de lo invisible, donde la dominación se respira como aire acondicionado.

Para la ESAD de Asturias, el texto inscribe a Irene Revuelta en la tradición del teatro que piensa: un teatro que incomoda, que interroga al espectador, que devuelve la ética al escenario. Su escritura no ofrece redención ni moraleja, sino preguntas que atraviesan la conciencia:

¿cuánto de nosotros se ha vendido por un ascenso?,

¿en qué momento confundimos el reconocimiento con la obediencia?,

¿cuánto silencio puede soportar una conciencia antes de romperse?

Fucking Money Man es, en última instancia, una radiografía del malestar neoliberal. No busca escandalizar, sino mostrar la banalidad con la que el poder se ejerce cuando ya no necesita imponerse por la fuerza. En su aparente cotidianeidad se esconde una denuncia feroz: la del individuo que se ha vuelto gestor de su propia esclavitud, evaluador de su propio sufrimiento, cómplice de su alienación.

Este texto no solo denuncia una estructura social; la encarna. Y al hacerlo, nos invita a reconocer que la verdadera obscenidad del dinero no reside en su acumulación, sino en su capacidad para volvernos cómplices de nuestra propia servidumbre. ¿Acaso le cabe alguna duda al amable y paciente lector que ha llegado hasta aquí?

Nacho Ortega
Director de la ESAD de Asturias.

FUCKING MONEY MAN

He aquí una demencia, mi demencia, la que vivo yo, créeme que sé de lo que hablo, créeme que esto ha pasado y es real.

ACTO 1

(POR TELÉFONO CON SU JEFE)

Él — (POR TELÉFONO) Hola, ¿te pillo bien?

Él — (POR TELÉFONO) Quería preguntarte si has tenido ocasión de gestionar mi promoción, he oído que hay mucha competencia en el comité de directivos.

Él — (POR TELÉFONO) Entiendo, pero tengo el equipo que tengo y el negocio es el que es, no depende de mí. He hecho un año muy bueno a pesar de que el mercado ha caído. He cerrado 54 contratos que han supuesto 58 millones. Y tengo gente en el equipo que o no ha cerrado ningún contrato en todo el año o que solo cierran morralla que apenas genera ingresos.

(SILENCIO)

Él — (POR TELÉFONO) ¿Cómo?

Él — (POR TELÉFONO) Aham, vale ¿Y qué lugar va a pasar a ocupar él, entonces?

Él — (POR TELÉFONO) Entiendo, tiene sentido, ponerme a alguien con el mismo rango que yo como mi subordinado fuerza a que tengan que promocionarme, está claro. No va a ser fácil pasar a gestionarle como subordinado, ¿sabes que hace unos 15 años él fue jefe mío? En fin, ¿cómo se lo ha tomado?

Él — (POR TELÉFONO) ¿Yo? Bueno, de acuerdo. ¿Y cuándo entra en efectividad?

Él — (POR TELÉFONO) ¡Qué rápido! ¿Y seguro que esto me garantiza el acuerdo del comité de dirección?

Él — (POR TELÉFONO) ¡Claro que mi trabajo tiene exposición hacia el resto de equipos! Es más, ahora mismo estoy analizando un contrato para cerrar en conjunto con el equipo de proyectos. Si va bien, con esto quedamos de puta madre, me va a dar mucha visibilidad.

Él — (POR TELÉFONO) Las evaluaciones no me preocupan nada, eso sale todos los años igual, no me va a mover la aguja para mi promoción.

Él — (POR TELÉFONO) De acuerdo. Muy bien. Muchas gracias. Te llamo en cuanto se lo haya comunicado. Venga, un abrazo, hablamos.

(ÉL SE RECOMPONE).

(POR TELÉFONO CON SU COMPAÑERO).

Él — (POR TELÉFONO) ¿Puedes hablar?

Él — (POR TELÉFONO) ¿Cómo estás? ¿Mejor de lo tuyo? ¿Terminaste ya la quimio?

Él — (POR TELÉFONO) Bueno, pero ahora con eso ya no tienes dolores, que quieras que no es lo jodido y salvo por que no puedes venir a la oficina todavía, estas completamente operativo ya, ¿no? El resto bien, ¿no?

Él — (POR TELÉFONO) Fenomenal.

Él — (POR TELÉFONO) ¡No me digas!, ¿le han prejubilado o echado?

Él — (POR TELÉFONO) Sí, de eso sí me enteré, a tres tíos de internacional, ¿no?

Él — (POR TELÉFONO) Nada, esto pasa por fusionarnos con la competencia, ahora el departamento internacional tiene puestos que están duplicados.

Él — (POR TELÉFONO) Sí joder, qué paquete Modric, macho. Que esa la mete hasta mi mujer. Como sigamos así este año vamos a palmar la liga. Que bueno, a ver yo te llamaba para hablar del cierre de año. Yo cierro en crecimiento respecto al año pasado y tú creo que también, ¿no?, lo que pasa es que me han anunciado que el cumplimiento de objetivos para el que viene se pone mucho más estricto. Quieren reducir costes, simplificar la estructura organizativa y asignar los ingresos que se produzcan en España a una sola cabeza.

Él — (POR TELÉFONO) Sí, completamente, un disparate.

Él — (POR TELÉFONO) Nada, el caso que me han comunicado que organizativamente seré yo la cabeza a efectos de reporte, pero no te preocupes yo necesito contar contigo y con tu equipo como siempre, todo sigue igual, nada cambia.

Él — (POR TELÉFONO) Que sí que sí, que España ya era bastante grande entre tú y yo como para dejarlo para uno solo, pero sabes cómo son. Ya has visto que están echando a media empresa.

Él — (POR TELÉFONO) Lo sé, me imagino que al estar tú trabajando desde casa habrán visto más fácil hacerlo así, yo qué sé.

Él — (POR TELÉFONO) Sí, si tienes toda la razón. Pero ni tú ni yo pintamos nada, somos unos mandados. En fin, cuídate, hablamos.

(ÉL, ALIVIADO)

(POR TELÉFONO CON SU JEFE)

Él — (POR TELÉFONO) Nada, ya se lo he comunicado.

Él — (POR TELÉFONO) Muy bien, todo muy bien.

Él — (POR TELÉFONO) Sí, bueno ya sabes cómo es, pero lo he sabido enfocar y aunque no está del todo de acuerdo lo ha entendido.

Él — (POR TELÉFONO) Venga, eso es, hablamos, un abrazo, un abrazo.

Él — (SE ACERCA A ELLA) Estoy preocupado con el nuevo cliente, el equipo del departamento de proyectos sabe mucho y vamos a quedar como el culo con ellos si no vamos con una postura sólida, ¿te lo has mirado bien?

Ella — Sí, me lo estoy mirando bien.

Él — Deberías habértelo mirado ya.

Ella — Sí, perdona, el viernes tuve una firma y he estado hasta arriba, pero me estoy poniendo al día.

Él — Ponte las pilas.

Ella — Sí, por supuesto, confía en mí, vamos a quedar bien con ellos, de verdad. Ya me he puesto al cien por cien con todo.

Él (A SENIOR ELLA)- ¿Te has enterado de que han prejubilado al jefe de internacional?

Senior Ella — ¿Qué me dices! Pero, ¿qué edad tiene?

Él — 57.

Senior Ella — ¡Jesús!

Él — Es que con la fusión los tíos que vienen son muy buenos, así que para que se puedan quedar tienen que echar a otros. Todavía rodarán más cabezas

Senior Ella — Sí, yo escuché otras tres prejubilaciones que hicieron en el área de riesgos internacional

Él — En riesgos prejubilaron a tres, pero ya habían echado a otro el mes pasado. Te enteraste de eso, ¿no?

Senior Ella — Sí me lo comentaron el otro día, estoy muy afectada, ¿te han contado cómo fue? Su jefe se metió con él en una sala y al salir le habían quitado el ordenador y le estaban esperando con sus cosas para salir

Él — Sí lo sabía.

Senior Ella — ¡Qué trauma para los que lo vieran! Tú imagínate ser un compañero suyo, ver que entra en una sala con el jefe y de pronto llegan unos tíos que le desconectan todo y sacan todas sus cosas de los cajones.

Él — Pues para que veas.

Senior Ella — Y en plena época de evaluaciones encima, ¡tienen que estar agobiadísimos!

Él — No creo que repercuta en nada a las evaluaciones, a quien quieran quitarse de en medio se lo van a quitar igualmente.

Senior Ella — Por cierto, ¿te han dicho algo de las evaluaciones?

Él — Luego os pongo un correo contándooslo todo. Pero vamos, como todos los años, os tenéis que evaluar entre compañeros y al jefe. Y no penséis que podéis elegiros entre vosotras, tiene que ser gente de otras áreas con quien hayáis trabajado este año.

Senior Ella — ¿Cuánta gente en total?

Él — Entre cuatro y ocho, pero vamos no os creáis que voy a darle mucha importancia a cómo os evalúan vuestros amigos. Lo importante es cómo os evalúa vuestro jefe, vamos yo

Senior Ella — Y cómo evalúan los subordinados también.

Ella — Vamos, nosotros.

Él — Lo que me importa es cómo me evalúe mi jefe. (SILENCIO).

Senior Ella — ¡Ah! Por cierto, probé los cruasanes del sitio que me recomendaste. Buenísimos.

Ella — ¿Los de al lado del Rastro? ¿A que sí! ¿Cuáles probaste?

Senior Ella — Chocolate y pistacho

Él — Cómo te pusiste, ¿no?

Ella — Mi favorito es el de pistacho, me vuelve loca. (A ÉL) ¿Los has probado?

Él — No.

Ella — (SILENCIO).

Senior Ella — (A ELLA) Oye qué mona con la falda que te has puesto hoy.

Él — A ver, levántate que te vea (ELLA SE LEVANTA).

Senior Ella — Y te lo has puesto con blusa cruzada, me encanta ese tipo de blusas, pero para trabajar no sé, yo no me siento muy cómoda.

Ella — ¿No? Te pones una camiseta debajo y ya está.

Él — Pero se te asoma el...

Ella — (A ÉL) No, no es una camiseta interior.

Ella — (A SENIOR ELLA) Me la pongo con una camiseta bonita debajo.

Senior Ella — Ya, con eso no queda mal.

Él — ¿No llevas sujetador?

Ella — Sí, debajo.

Él — Vaya, hubiera preferido...

Ella — Podría no llevar.

Él — ¿No os ponéis sujetador siempre?

Senior Ella — Claro que sí, es que sin él no puedo ir. Cuando me opere podré ir sin.

Ella — Pues yo depende del día, a veces con a veces sin. Es lo bueno de tener poco pecho.

Él — (A ELLA) Podemos ver la presentación del nuevo cliente, ¿por favor?

Ella — Claro.

Él — A ver, cuéntamela.

Ella — Sí, es una compañía de restauración que se dedica a hacer hamburguesas premium.

Él — ¿Eso qué es?

Ella — Pues que no son las clásicas hamburguesas de comida rápida como Mc Donalds, sino que cuidan más la calidad tanto de las recetas como de los ingredientes. El caso que durante la pandemia sufrió bastante y ahora, con la inflación ha recuperado las cifras de ingresos prepandemia, pero claro, también tiene que pagar más caro a sus proveedores por lo que su rentabilidad...

Él — Pero la inflación no le ha podido venir bien, habrá perdido rentabilidad.

Ella — Sí, justo es lo que te...

(POR TELÉFONO CON SU JEFE)

Él — (POR TELÉFONO) Sí, dime.

Él — (POR TELÉFONO) ¿Te han dicho ya? ¿A quién han nombrado?

Él — (POR TELÉFONO) No lo me lo puedo creer, qué injusto para su compañero, es un tío buenísimo, yo no sé cómo ponen a gente que no...

Él — (POR TELÉFONO) bueno, hablamos.

Senior Ella — ¿Qué pasa? Ha salido el nombramiento del nuevo jefe de internacional.

Él — Sí, han puesto a una tía, en fin... no sé yo.

Senior Ella — Pensabas que le nombrarían a él, ¿verdad?

Él — Pues sí, tiene un currículum potentísimo y es un tío muy listo, no sé yo si se pirará de la empresa ahora.

Senior Ella — Vaya, pobre, ¡qué injusto!

Él — (VOLVIENDO A ELLA) ¿Qué beneficio tiene?

Ella — Este es un punto complicado, porque han presentado números con muchos ajustes, es difícil de...

Él — ¿No te lo sabes?

Ella — Sí, sí, oscila entre 7 millones y 23 millones el beneficio ajustado, pero vamos hacen varios ajustes que habría que...

Él — El beneficio ajustado es una cifra teórica que las empresas utilizan para enseñar cómo es su negocio.

Ella — Sí, si lo sé, el problema es que no nos han...

Él — El beneficio real tiene en cuenta costes que son extraordinarios del año concreto.

Ella — Justo, pero no nos han pasado el desglose de...

Él — Pero los costes extraordinarios los tienes que considerar para saber cuánto dinero líquido tienes porque, aunque no sean representativos del negocio, son costes reales a los que tienes que hacer frente, por lo que no te vale el beneficio ajustado. A ver, enséñame el balance.

Ella — ¡Sí! tenemos el balance de los últimos 5 años, pero nos falta el del año pasado porque todavía no han entregado las cuentas.

Él — Sí, las enviaron ayer.

Ella — ¡Ah! ¡Qué raro! Bueno, igual se les olvidó ponerme en copia de ese correo, ¿me lo podrías reenviar?

Él — ¿Has calculado cómo se comportaría la empresa en un hipotético caso de una mayor inflación?

Ella — Sí, he partido del resultado de 7 millones para hacerlo más conservador porque...

Él — Eso no tiene sentido, estás hablando de una situación hipotética, por lo tanto, no tienes que tener en cuenta los costes extraordinarios, aquí sí que tienes que usar el beneficio ajustado de los 23 millones, no te lo has mirado bien, míratelo bien.

Ella — No, pero sí que me lo he mirado bien, es que no han enviado el desglose de los costes extraordinarios...

(POR TELÉFONO CON SU COMPAÑERO)

Él — (POR TELÉFONO) ¿Puedes hablar?

Él — (POR TELÉFONO) Ha entrado un cliente de tu geografía, de Galicia.

Él — (POR TELÉFONO) Se dedica a fabricar y distribuir galletas, es un cliente complicado porque el año pasado no cumplieron con el presupuesto que tenían marcado de crecimiento y han pedido pasta para abrir otra fábrica, va a haber que entender bien qué necesitan exactamente, ¿puedes encargarte?

Él — (POR TELÉFONO) Sí, claro que te ayude ella.

Él — (POR TELÉFONO) Hablamos.

(POR TELÉFONO CON SU COMPAÑERO)

Ella — (POR TELÉFONO) Hola, ¿Cómo estás?

Ella — (POR TELÉFONO) Ya, no me extraña, ha tenido que ser una paliza. Yo bien, como siempre.

Ella — (POR TELÉFONO) Sí, fenomenal.

Ella — (POR TELÉFONO) Ah, claro, y como es un cliente difícil tienes que llevarlo tú directamente. Pero el sector de las galletas es un sector resiliente, nadie deja de comer galletas en el desayuno, aunque haya crisis, ¿no?

Ella — (POR TELÉFONO) Ya, eso sí. Bueno, cuándo puedas, ¿me pasas la información que tengamos, por favor? y vemos a ver qué podemos ofrecerles

Ella — (POR TELÉFONO) Genial, muchas gracias, un abrazo.

Él — (A SENIOR ELLA) Antes me ha llamado tu cliente, el de los festivales, que tienen prisa por cerrar el contrato, que están haciendo el presupuesto y necesitan dinero para antes de final de mes.

Senior Ella — ¿En serio? Pues no he podido avanzar nada, estamos con varios cierres y me estaba enfocando en eso porque si no, no hay manera.

Él — Pues apóyate en la junior que para eso está. Se te notan los cruasanes, ¿eh?

Senior Ella — Pues no sabes lo buenos que estaban. (A ELLA) ¿Tienes la presentación acabada?

Ella — La tengo empezada pero no terminada, como iba a verla el comité dentro de dos semanas me puse con otros temas más urgentes, pero no te preocupes que va a estar, todavía tengo tiempo.

Senior Ella — No, tiempo no hay, han adelantado la entrega. Me da igual que tengas temas más urgentes, esto es lo más importante que hay ahora mismo, tienes que tenerlo claro o si no le digo a otro junior que se meta en esto para que nos ayude.

Dime si vas a poder con todo ya y no cuando te pille el toro y no haya posibilidad de reaccionar.

Ella — De verdad que va a estar perfecto, no te preocupes.

Senior Ella — No, claro que me preocupo, esto tiene que estar. Vamos a ver lo que llevas avanzado, por favor.

Ella — Claro. Mira, es una empresa que se dedica a la organización de festivales, se encarga de montar carpas y escenarios principalmente. Por ejemplo, para las fiestas de un pueblo pequeño monta un par de carpas y escenarios pequeños. Pero también se encargan en los grandes festivales de música de montar, por ejemplo: casetas de comidas, norias, etc.

Senior Ella — ¿Y por qué la primera parte del año apenas tienen ingresos?

Ella — Porque la mayor parte de la actividad que tienen se concentra entre mayo y octubre con las fiestas de los pueblos y los festivales.

Senior Ella — ¿Y qué hacen con los escenarios y carpas el resto del año?

Ella — La mayor parte de los equipos grandes los alquilan a otras empresas.

Senior Ella — Y ¿por qué un festival los contrataría a ellos en lugar de ir directamente a los proveedores? Que se ahorrarían la intermediación y les saldría más barato.

Ella — No salen tanto más caros. Al contratar tantos equipos, los proveedores les hacen precio para que sigan contando con ellos todos los años, por lo que al final consiguen los escenarios y carpas más baratos.

Senior Ella — Y entiendo que los festivales prefieren pagarles a ellos que montan todo el pack de una y ahorrarse tener que lidiar con mil proveedores.

Ella — Exacto, hacen de intermediarios y ahorran tiempos y dolores de cabeza a los festivales.

Senior Ella — Lo que necesitan es dinero para los meses de invierno que luego lo van a recuperar de sobra durante los meses de verano. Tenemos que ordenarles las necesidades de liquidez que tienen para que puedan ganar autonomía y crecer.

Ella — Sí.

Él — (A ELLA) ¿Cuántos ingresos facturamos el mes pasado en el departamento?

Ella — (SILENCIO).

Senior Ella — (A ELLA) Prepara toda la documentación que se necesita para que el comité de riesgos apruebe esta operación.

Ella — Vale.

Ella — (A ÉL) Ahora te lo miro.

Él — No, dime más o menos.

Ella — Lo tengo por aquí, dame un segundo.

Él — Aproximadamente.

Ella — Me quieren sonar 4 millones y pico.

(POR TELÉFONO CON SU JEFE)

Él — (POR TELÉFONO) Son 4 millones en el peor mes y tenemos varios clientes con los que vamos a cerrar contratos ahora bastante importantes.

Él — (POR TELÉFONO) No sé, otros 8 millones. Pero vamos, con los 4 del mes pasado cubrimos de sobra.

Ella — 2 millones y medio, perdona, 4 millones fueron el mes anterior.

Él — (POR TELÉFONO) Son 2 millones y medio, perdona, esto me pasa por fiarme de la junior.

Él — (POR TELÉFONO) Pero no, porque tengo ahora mismo el cliente de las hamburguesas que puede darnos mucha pasta.

Él — (POR TELÉFONO) Sí, lo estamos viendo con el departamento de proyectos.

Él — (POR TELÉFONO) Venga, hablamos, un abrazo.

Senior Ella — (A ÉL) Ten en cuenta también el de los festivales.

Él — (SILENCIO).

Senior Ella — Aquí veo un buen contrato, ¿eh?

Él — ¿Cuánto nos van a dejar estos?

Senior Ella — Pues calculo que fácil nos pueden dejar millón y medio de ingresos en vena este mes.

Él — ¿Y qué hacen estos?

Senior Ella — Son intermediarios de festivales y fiestas de pueblo, para el montaje de carpas y escenarios. Son muy buenos, porque consiguen los equipos de los proveedores a mejor precio y luego se encargan del montaje de todo.

Ella — Sí, como contratan proveedores todos los años ellos les dejan buen precio para que...

Él — Y los festivales prefieren contratarlos a ellos, en lugar que de tener que lidiar con mil proveedores diferentes, tiene sentido. ¿Qué competencia tienen?

Senior Ella — (MIRA A ELLA).

Ella — Entiendo que los propios proveedores son competencia...

Él — (A SENIOR ELLA) Hay que enterarse bien de qué competencia tienen, no vaya a ser que el año que viene aparezca otro que les quite el negocio, estos pierdan clientes, les empiece a ir mal y nosotros no podamos recuperar la rentabilidad de nuestra inversión con ellos. ¿Cuáles son sus principales costes?

Senior Ella — Los de almacenaje.

Él — ¿Pero no subcontratan los equipos a los proveedores?

Ella — No todo no, tienen...

Él — Aquí hay que mirar cómo les ha afectado la inflación, (A ELLA) esto es como con el cliente de las hamburguesas, habrán ganado más porque han cobrado más caro, pero también habrán tenido que pagar costes más altos.

Ella — Sí, salvo los almacenes que tenemos que mirar cómo ha afectado, los proveedores de equipos les están haciendo precio.

Él — A las hamburguesas les ha jodido pero bien la inflación, ¿calculaste el caso que te pedí para ver cómo les afectaría si sigue subiendo?

Ella — Sí, me temo que queda mal, en caso de que suba la inflación no tendrán dinero a final del año.

Él — ¿Por qué?

Ella — Porque tienen que pagar a los proveedores de carne mucho dinero, a los transportistas, la luz, el gas, etc.

Él — Pero tienen contratos a largo plazo con algunos proveedores donde tienen un precio fijo por varios años, ¿lo has tenido en cuenta?

Ella — (SE REMUEVE EN ÉL SITIO) No, como era un caso hipotético he tenido en cuenta el peor escenario posible.

Él — Pero no hay que hacerlo así y deja de moverte que te estás poniendo nerviosa y me estás poniendo nervioso a mí.

Ella — Vuelvo a hacer el cálculo como dices.

Él — ¿Por qué todas las faldas llevan una raja en la derecha?

Ella — ¿A la derecha?

Él — Sí, ayer llevabas otra falda que también tenía una raja a la derecha, tiene que ser por algo.

Senior Ella — Pues seguro que es por algo.

Ella — Es verdad, mi falda de ayer también la tenía a la derecha.

(POR TELÉFONO CON SU COMPAÑERO)

Él — (POR TELÉFONO) ¿Qué pasa?

Él — (A ELLA) Calcula de nuevo el caso, de verdad no puede ser todo tan difícil.

Él — (POR TELÉFONO) Sí, si llevas el cliente tienes que encargarte de toda la operativa.

Él — (POR TELÉFONO) Bueno, pero ahora tu jefe soy yo

Él — (POR TELÉFONO) Lo que oyes, ¿a quién reportas? a mí, ¿no?

Él — (POR TELÉFONO) Porque es verdad que todo sigue igual, pero el jefe soy yo.

Él — (POR TELÉFONO) Pues si te tienes que comer el orgullo te lo comes y si te jode tú mismo, ¿qué vas a hacer? ¿Quejarte? Están deseando que haya gente que saque los pies del tiesto para tener una excusa para echar.

Él — (SE LEVANTA. A ELLA) No hace falta que vengas a la reunión, con el equipo de proyectos, tengo bastante claro mi punto de vista sobre el cliente de las hamburguesas, y necesito que me prepares un informe con los datos de los últimos 5 años de los ingresos que hemos generado mes a mes.

Ella — (SILENCIO).

Él — Sonríe más, que parece que te has enfadado.

Ella — No, es que he pensado que este tipo de temas más administrativos igual podía ayudarme a hacerlos alguien más junior.

Él — No.

Ella — ¿Por qué no?

Él — Porque he dicho que no.

Ella — No digo que me vaya a desentender, solo que recopilar todos esos datos conlleva mucho tiempo y me puede ayudar alguien con menos experiencia y yo supervisarlo.

Él — Quiero que lo hagas tú todo.

Ella — ¿Por qué?

Él — Porque a ti es lo que se te da bien. Necesito tener a alguien que me haga de gestor de temas administrativos, sé lista, enfócate en hacerlo bien, es una forma de ganarte un valor en el equipo.

Ella — Si, no pretendo desentenderme ni mucho menos, solo te pido que me dejes que me ayude un junior porque lleva tiempo que me quita de mis clientes.

Él — ¿Necesitas que te quite algún cliente?

Ella — No.

Él — Sé lista, enfócate en lo que haces bien (SE VA).

ACTO 2

(POR TELÉFONO CON SU COMPAÑERO)

ELLA — (POR TELÉFONO) Hola.

ELLA — (POR TELÉFONO) No he podido revisar todavía nada del cliente de las galletas gallegas.

ELLA — (POR TELÉFONO) Sí, perdona, es que está un poco tenso el ambiente.

ELLA — (POR TELÉFONO) Pues no sé.

ELLA — (POR TELÉFONO) Porque estoy hasta arriba, pero me pide gestionar temas administrativos sin parar.

ELLA — (POR TELÉFONO) ¡Eso digo yo! Pero quiere que lo haga yo, dice que se me da bien, pero tampoco es que yo sea la persona más ordenada del mundo, no lo entiendo.

ELLA — (POR TELÉFONO) No sé si me va a dejar que se lo cuente yo, va querer que seas tú.

ELLA — (POR TELÉFONO) Porque le gusta respetar así la jerarquía.

ELLA — (POR TELÉFONO) Ya, no él no lo hace así. O por lo menos conmigo.

ELLA — (POR TELÉFONO) No a ver, yo creo que todavía piensa que soy demasiado junior.

ELLA — (POR TELÉFONO) ¿Sí? ¿Y qué te han dicho?

ELLA — (POR TELÉFONO) ¿Se les inundó? ¿Pero la fábrica de galletas entera?

ELLA — (POR TELÉFONO) Menos mal, ¡qué pobres! Claro eso explica por qué el año pasado no pudieron cumplir con el presupuesto.

Ella — (POR TELÉFONO) Sí, sí, no te preocupes, cógelo, llámame cuando cuelgues, un abrazo.

Senior Ella — ¿Con quién hablabas?

Ella — Nada, con el jefe de las territoriales norte.

Senior Ella — Anda, ¿y qué tal?

Ella — Bien, nunca había llevado nada con él.

Senior Ella — Seguro que lo haces bien.

Ella — Bueno, a ver qué tal se da.

Senior Ella — Oye, no te pongas triste. Este mundo es así, son unos años difíciles donde tienes que dejarte la piel, es una travesía por el desierto, pero luego se ve la luz y empieza a compensar, de verdad. También es una cura de ego, porque ves gente que es mejor que tú y hay que esforzarse por descubrir los puntos de mejora. Yo me acuerdo cuando estaba en la misma situación que tú, miraba a mi alrededor y me daba cuenta de que el resto eran mucho más buenos que yo, pero trabajas y trabajas y al final tiene sus frutos, tú eres buena, solo que necesitas tiempo, de verdad.

Ella — Muchas gracias.

Senior Ella — Él es un poco complicado, la verdad, es muy listo, pero yo al principio no le pillaba. Me gastaba bromas que no me hacían ninguna gracia.

Ella — ¿Bromas? ¿De qué tipo?

Senior Ella — Pues se metía conmigo cuando salía con mis amigas porque me decía que se me iba a pasar el arroz

Ella — ¿Qué dices?

Senior Ella — Sí, yo creo que es tan listo que la parte social no se le da bien.

Ella — Dile que tú no eres de arroz, que prefieres la pasta.

Senior Ella — ¿Lo ves? Es que a mí no se me ocurren esas respuestas, me quedaba seria y él me decía que tenía que sonreír más.

Ella — (SILENCIO).

Senior Ella — No, pero en el fondo tenía razón y lo he descubierto con los años, sonreír es una parte muy importante de nuestro trabajo y he escuchado que también te lo decía antes a ti.

Ella — Sí.

Senior Ella — Es que es demasiado sincero, yo le digo de broma que comete sincericidios. Pero de verdad, que es muy bueno, en el fondo es un trozo de pan, lo que pasa que también tiene mucho estrés. Si nosotras ya tenemos estrés, imagínate el estrés que tiene que sufrir él, yo no sería capaz.

Ella — Ya.

Senior Ella — De verdad te lo digo, yo creo que los hombres en general están hechos para aguantar más cantidad de estrés.

Ella — ¿Qué va? ¿Qué tontería? Eso no depende de ser hombre o mujer.

Senior Ella — Pues mira a tu alrededor, ¿cuántas mujeres ves con puestos de tanta responsabilidad?

Ella — Bueno, pero no será porque no queramos.

Senior Ella — El puesto del jefe de telecomunicaciones se lo ofrecieron primero a una chica y ella dijo que no, que prefería vivir más tranquila. En serio, no somos conscientes de lo que suponen esos puestos, de verdad, fíate de él, ya verás que con el tiempo todo mejora. Mírame a mí, ahora nos llevamos fenomenal, y estoy encantada, ten paciencia, todo llega

Ella — Gracias (SILENCIO).

(POR TELÉFONO CON SU COMPAÑERO).

Ella — (POR TELÉFONO) ¿Ya?

Ella — (POR TELÉFONO) Sí.

Ella — (POR TELÉFONO) ¿En serio?

Ella — (POR TELÉFONO) ¿Y por qué crees que le han puesto a él en vez de a ti?

Ella — (POR TELÉFONO) ¿Tú crees? pues yo soy igual, me cuesta ocultar la cara cuando algo no me parece bien.

Ella — (POR TELÉFONO) Sí, a mí también me hace eso.

Ella — (POR TELÉFONO) No, pues lo mismo, pero a mí lo que me pone a hacer son temas administrativos que me quitan mucho tiempo.

Ella — (POR TELÉFONO) Si ya se lo he dicho, pero le da igual.

Ella — (POR TELÉFONO) Es que no es fácil hablar con él.

Ella — (POR TELÉFONO) Lo que me molesta de eso es que al final son trabajos muy laboriosos que se espera que estén perfectos siempre, pero lo que pasa es que hay partes que no dependen de mí. Yo creo que no es consciente del trabajo que conlleva y lo que quiere es tener a un responsable para que si algo no está bien tener a quien culpar.

Ella — (POR TELÉFONO) Sí, me estabas contando que la empresa de galletas hizo un año malo porque se les inundó una parte de la fábrica el año pasado y no pudieron producir al 100%.

Ella — (POR TELÉFONO) Parece fácil de justificar, no tiene mala pinta, ¿no?

Ella — (POR TELÉFONO) Las galletas del desayuno no es lo primero a lo que renuncias como consumidor cuando vienen vacas flacas, son un valor seguro.

Ella — (POR TELÉFONO) Venga, estupendo, así lo hacemos, un abrazo.

Ella — Madre mía, ¡cómo está el patio!

Senior Ella — ¿Por qué dices eso?

Ella — ¿Tú sabías que le habían puesto a él de jefe de toda España?

Senior Ella — Sí, están simplificando la estructura y quieren perfiles de jefes agresivos que saquen mucho negocio.

Ella — ¿Por qué crees que le han escogido a él?

Senior Ella — Pues imagino que les encaja más su perfil, además él viene a la oficina todos los días, se deja ver. No es lo mismo que estar desde casa que a saber.

Ella — Bueno, pero es por la enfermedad que ha tenido.

Senior Ella — De todos modos, él es 10 años más joven, tiene sentido que no pongan a alguien a quien pueden prejubilar en cualquier momento.

Ella — ¿Tú crees?

Senior Ella — No lo sé, pero creo que sería lo mejor, me parece súper humillante lo que le han hecho, ¿sabes que él empezó siendo su subordinado?

Ella — Qué va no tenía ni idea, ¡qué fuerte! bueno y encima ahora le han puesto a cerrar contratos como si fuera uno más, por eso estoy yo viendo con él de una empresa de galletas gallegas.

Senior Ella — Imagino que ahora ya sí que no asomará el pelo por la oficina.

Ella — Ya te digo.

Senior Ella — Seguro que este año le hacen director a él, es lo mejor que nos puede pasar, cuanta más jerarquía tenga nuestro jefe mejor para nosotros.

Ella — Sí, supongo.

Senior Ella — Por cierto, ¿tienes preparado lo de la empresa de los festivales? Hay que mandarlo para que puedan aprobarlo en el comité la semana que viene.

Ella — Sí, lo tengo todo listo para enviar.

Senior Ella — Estupendo, muchas gracias, ya lo mando yo no te preocupes.

Ella — ¿Y eso?

Senior Ella — La firma de este contrato es muy importante y quiero estar en primera línea de batalla para que me tengan a mí de referencia.

Ella — Bueno... de acuerdo.

Senior Ella — Oye, ¿has hecho ya las evaluaciones?

Ella — No, todavía no, la verdad que me da un poco de pereza la pantomima.

Senior Ella — Totalmente, a mí también. Sobre todo, que haya que poner comentarios obligatoriamente a tu jefe.

Ella — Bueno, pero son anónimas, ¿no?

Senior Ella — Sí, claro pero, aun así, a ver si me va a reconocer.

(POR TELÉFONO CON SU COMPAÑERO)

Ella — (POR TELÉFONO) ¿Sí? ¿ya has hablado con la compañía?

Ella — (A ELLA) ¡Anda ya!

Ella — (POR TELÉFONO) Bueno, tiene sentido que quieran aprovechar que tienen que remodelar la fábrica para hacerla más grande, pero necesitarán más dinero, ¿no?

Ella — (POR TELÉFONO) ¿Qué crees que dirá el comité? ¿Nos aprobará que entremos en esta empresa?

Ella — (POR TELÉFONO) Desde luego, bien justificado todo es posible.

Ella — (POR TELÉFONO) Bueno, pero tenemos que comentarlo con él antes al menos para saber cómo lo ve

Ella — (POR TELÉFONO) Vale, vale perdona.

Ella — (POR TELÉFONO) Sí, tienes razón, ha sido la costumbre.

Ella — (POR TELÉFONO) Claro, nosotros todo lo hablamos con él antes, es el jefe.

Ella — (POR TELÉFONO) Ya.

Ella — (POR TELÉFONO) Bueno, él prefiere que le contemos todo lo que hemos analizado y luego habla él en las reuniones con el cliente.

Ella — (POR TELÉFONO) No, desde luego, en este caso no tiene sentido hacerlo así estando tú.

(SILENCIO)

Ella — (POR TELÉFONO) Te entiendo perfectamente. Es que conmigo es peor, tú por lo menos tienes cierto criterio de autoridad, yo soy un cero a la izquierda.

Ella — (POR TELÉFONO) Constantemente.

Ella — (POR TELÉFONO) Sí, la verdad, comentarios súper raros.

Ella — (POR TELÉFONO) No pues relativos a mi físico.

Ella — (POR TELÉFONO) Pues no sé, si se me ve el sujetador o sobre la abertura de mi falda.

Ella — (POR TELÉFONO) Ya, ya lo sé (SILENCIO).

Ella — (POR TELÉFONO) ¿Con las evaluaciones? ¿Por qué?

Ella — (POR TELÉFONO) Anda, claro que ahora tú tienes que evaluarle a él como tu jefe, ¡qué fuerte!

Ella — (POR TELÉFONO) Pero si no valen para nada, no le da ninguna importancia.

(SILENCIO)

Ella — (POR TELÉFONO) ¿En serio? ¿Hay más gente que está como yo con él? (SILENCIO).

Ella — (POR TELÉFONO) Sí, no lo había pensado, la verdad. Bueno, le daré una vuelta. Por cierto, sobre el cliente de las galletas, ¿te parece entonces si mejor se lo comento yo para que esté enterado, pero tiramos nosotros solos?

Ella — (POR TELÉFONO) Fenomenal, venga lo hacemos así. Un abrazo.

Senior Ella — (A ELLA) Ya he mandado todo el análisis que has hecho del de los festivales al comité. Me han contestado con un montón de dudas que tienen. Te las voy a reenviar para que las respondas. Por favor, esto es prioritario, si no se las mandamos hoy no van a poder aprobárnoslo para la semana que viene.

Ella — Claro sí, mándamelas y las respondo ahora.

Senior Ella — Hay una pregunta que hacen sobre el sector de los festivales, ¿has analizado cómo funciona el sector?

Ella — La verdad que nada más de lo que ponía en el informe preliminar que nos envió el cliente.

Senior Ella — Pues es importantísimo, no es un sector nada común.

Ella — Voy a ver hasta dónde sé responder las dudas y te digo.

Senior Ella — No, responde todo y lo que no sepas llamas al cliente y le preguntas, tienes que empezar a ser más autónoma.

Ella — Sí, sí, si al cliente le he llamado muchas veces para poder hacer el análisis que hemos enviado al comité. Era por si por tu experiencia sabías algo más allá que yo.

Senior Ella — No, pues muchas veces no le llames, apúntate todo y se lo dices de una. Y encárgate tú sola, por favor, estoy hasta arriba.

ACTO 3

(ENTRA ÉL)

Él — (A ELLA) El cliente de las hamburguesas quiere vender la empresa, nos ha contado que lleva meses buscando un comprador.

Ella — ¿En serio?

Él — Dicen que valen 500 millones pero que no han encontrado comprador, obviamente porque ni de coña valen 500 millones.

Ella — Pero si quieren vender, ¿por qué nos han contactado para que analizásemos si entrar en la compañía?

Él — Porque no saben lo que quieren...

Ella — ¿Y cuánto creen los del equipo de proyectos que vale la empresa?

Él — Han dicho en la reunión que está entre 200 y 300 millones.

Ella — ¡Bua! Pues buena suerte vendiéndola por 500...

Él — No encuentran comprador, pero ahora han salido con que la semana pasada un inversor les ofreció abrir 20 franquicias por toda la península, de todos modos, parece que no tienen nada apalabrado con el supuesto inversor todavía.

Ella — ¡Vaya, cambio de enfoque! O sea, que igual ya tampoco quieren vender la empresa, sino que se están pensando abrir más locales.

Él — Sí, yo qué sé, tienen varias opciones encima de la mesa. Está el equipo de proyectos analizando el impacto que tendría la apertura de las 20 franquicias

Ella — Pero entonces nosotros ya no aportamos nada, ¿van a intentar cerrar el contrato los del equipo de proyectos solos?

Él — No, nos vamos a quedar en la operación. Nos viene muy bien trabajar de la mano con ese equipo que son unos tíos muy buenos. Además, no es 100% seguro que vaya a salir lo de las 20 franquicias con el supuesto inversor. Nos deberíamos de quedar poniendo cara de estar a tope con el tema porque en todo caso, suceda lo que suceda, en algún momento podrían necesitar que un inversor entre en la compañía y no quiero que entre nadie que no seamos nosotros. Aquí se puede ganar pasta.

Ella — Entiendo.

Él — Intenta que seamos visibles.

Ella — Aham, vale, de acuerdo.

Él — Manda correos, haz seguimiento de los temas que vayan saliendo, involúcrate en los análisis que haga el equipo de proyectos, conéctate a las llamadas con el cliente.

Ella — Sí, sí, lo he entendido.

Él — (A SENIOR ELLA) Me han llamado del comité de riesgos preguntándome sobre el cliente de los festivales, me han dicho que tienen más dudas que otra cosa.

Senior Ella — Hombre, es que es una actividad muy específica, apenas tienen experiencia al respecto.

Él — Pues como no salga la firma de este contrato vamos jodidos con el presupuesto.

Senior Ella — Les estoy preparando las respuestas a todas las preguntas que tienen.

Él — Claramente es un reto, pero ahí es donde podemos ganar dinero. Tenemos que ir a ver al cliente y explicarles que no es fácil que consigan levantar todo el dinero que necesitan, que tendrán que pagar una buena comisión.

Senior Ella — Vale, sí, estos van a pagar lo que les digamos, saben que no pueden mejorar su situación financiera de otra manera.

(POR TELÉFONO CON SU JEFE)

Él — (POR TELÉFONO) Hola, bien, bien, ¿y tú?

Él — (POR TELÉFONO) ¿Has podido saber algo más sobre mi promoción?

Él — (POR TELÉFONO) ¿Las evaluaciones? No me preocupan nada, todos los años es lo mismo.

Él — (POR TELÉFONO) La operación que estoy viendo con el equipo de proyectos se está complicando.

Él — (POR TELÉFONO) Sí, bueno, un cambio de enfoque que ha hecho el cliente a última hora, pero he tenido una reunión con ellos antes y he quedado de puta madre con el análisis que les he planteado, seguro que pueden dar buen feedback sobre mí.

Él — (POR TELÉFONO) Bueno pero, ¿cuándo se sabrá entonces?

Él — (POR TELÉFONO) Es decir, ¿primero se sabrá si promocionan el de comercial y el de cumplimiento? ¿y después ya voy yo?

Él — (POR TELÉFONO) De acuerdo, mantenme al tanto, por favor, venga, un abrazo, hablamos.

Él — (A ELLA) ¿Tienes el informe con los datos de los últimos 5 años de los ingresos que te he pedido antes?

Ella — Sí.

Él — ¿Y cómo ha evolucionado?

Ella — Me falta el último año por completar, pero los 2 primeros años siguen una tendencia muy alcista, sin embargo, el tercer año decrece.

Él — Eso es por la pandemia.

Ella — Sí, eso parece, y luego los 2 siguientes crece moderadamente.

Él — (SILENCIO).

Ella — Me llama la atención que por lo general julio, noviembre y diciembre son los meses que más ingresos genera el departamento con diferencia, pero los 2 últimos años enero está también despuntando mucho.

Él — Lógicamente, si vamos a cerrar un buen año, lo que hacemos es llevarnos parte de los ingresos a enero para que nos cuenten para el año siguiente.

Ella — Lo que está claro es que en agosto parece que se acaba el mundo.

Él — Eso ha sido siempre así.

Ella — Por cierto, el cliente de las galletas quiere invertir más dinero.

Él — ¿Ese cuál era?

Ella — El de Galicia, que había hecho muy pocos ingresos el último año.

Él — Ah sí.

Ella — A los pobres se les inundó la fábrica y por eso no pudieron producir todo lo que tenían previsto y precisamente por eso necesitan el dinero, para construir una nueva fábrica, pero el caso es que quieren hacerla más grande y mejor, por eso van a necesitar más dinero.

Él — ¿Y cuándo estará operativa la nueva fábrica?

Ella — En 18 meses.

Él — ¿Y tienen demanda suficiente para cubrir todo lo que quieren vender de más?

Ella — Sí, han cerrado contratos con sus principales clientes que son los grandes supermercados.

Él — Les están apoyando los clientes para que puedan salir del bache.

Ella — Sí, tienen muy buena relación comercial.

Él — Vale y ¿qué más?

Ella — Nada, eso...

Él — Termina el año que te falta para completar el informe que te he pedido y me lo mandas.

Ella — Sí, ahora enseguida te lo mando.

Él — (A SENIOR ELLA) Me he cruzado antes por el pasillo con la mujer esta de riesgos que aprobó el ultimo contrato que firmaste.

Senior Ella — Ah, sí, la de las gafas de pasta.

Él — Bueno, está como un tonel.

Senior Ella — Hombre, ¿tanto?

Él — Como solo la veía por video llamada no me imaginaba que tuviera semejante culo.

Senior Ella — ¿De verdad? no lo hubiera dicho.

Él — Pues sí, esta tía sentada tiene que estar bien cómoda.

Senior Ella — Bueno, la que ha engordado una barbaridad es la que llevó la relación comercial con el cliente de ese contrato

Él — ¿La de las tetas operadas?

Senior Ella — No las tiene operadas.

Él — ¿Cómo qué no? Si las tiene por aquí.

Senior Ella — No me había fijado.

Él — Claro tú no, pero yo sí.

Ella — A esa me la encuentro mucho en el gimnasio, está súper en forma.

Él — ¿Y las tiene operadas?

Ella — No lo sé, no me he fijado.

Él — Pues fíjate la próxima vez, ya verás como sí, si tiene cien años y las tetas de una adolescente.

Senior Ella — Si las tiene tan grandes de una adolescente no creo que sean...

Él — De una adolescente muy desarrollada.

Senior Ella — De verdad, ¡cómo sois los hombres!

Él — No los hombres no, como que no te fijarás tú en los tíos. Pues nosotros nos fijamos en las mujeres, aquí somos todos iguales. Por cierto, sabes que la jefa del equipo de laboral se ha cogido una excedencia.

Senior Ella — No tenía ni idea, ¿y eso?

Él — Esta ya no vuelve.

Senior Ella — Esta es la que tenía a su marido malo y un hijo con discapacidad.

Él — Esa, esa. Pues precisamente se ha cogido la excedencia para cuidar a su hijo.

Senior Ella — Pero el hijo era autista o algo así, ¿no?

Él — Pues no sé qué ha cambiado para que necesite cuidar ahora de él.

Senior Ella — Esta estaba siempre hasta arriba de trabajo, soy amiga de una subordinada suya y me contó que tiene una sobrecarga importante, habrá petado.

Él — Pues sí.

Senior Ella — ¿Y cuánto tiempo se ha cogido?

Él — Me han dicho que 6 meses. ¿Nos apostamos a que no vuelve?

Senior Ella — Ya, seguro que no vuelve, va a descubrir que está mejor en su casa.

Él — Bueno, eso justo no lo sé en su caso, tiene un buen papelón en su casa

Senior Ella — Y tanto. ¿Y pasados los 6 meses puede volver? ¿Le reservan la plaza?

Él — Se supone que no tienen por qué reservarte tu puesto. Han puesto a sustituirle al señor ese con el que tú te llevas tan bien.

Senior Ella — ¿Sí? Hombre es que si no ¿a quién iban a poner? Es un máquina, mi amiga me dice que es el ojo derecho de su jefa.

(POR TELÉFONO CON SU JEFE)

Él — (POR TELÉFONO) ¿Sí? hola, ¿Cómo estás?

Él — (POR TELÉFONO) ¿Hay novedades?

Él — (POR TELÉFONO) ¡No me digas! ¿Se han zumbado al de comercial? Pero este tío es buenísimo ¿cómo ha sido?

Él — (POR TELÉFONO) ¿Las evaluaciones le han ido mal? ¿pero eso cómo puede ser? Bueno, tenía un equipo nuevo, no debe de haber encajado.

Él — (POR TELÉFONO) Joder, qué putada, ¿era la primera vez que se presentaba?

Él — (POR TELÉFONO) ¿La segunda ya? Pero entonces le han jodido bien, ya no va a poder promocionar en ese puesto. Se pirará de la empresa, ¿no? cobrará el bonus y se irá

Él — Y ¿hay noticias de como van mis evaluaciones?

Él — (POR TELÉFONO) ¡Todavía faltan 3 por entregar! De acuerdo, voy a meterles caña, muchas gracias, vamos hablando, un abrazo.

(POR TELÉFONO CON SU COMPAÑERO)

Ella — (POR TELÉFONO) Hola, ¿qué tal?

Ella — (POR TELÉFONO) Ya he hablado con él, creo que tenemos carta blanca para tirar nosotros solos con esto.

Ella — (POR TELÉFONO) Nada, parece que ha visto razonable que quieran construir una fábrica de galletas mejor que la anterior.

Ella — (POR TELÉFONO) Sí, estupendo, así lo hacemos.

Ella — (POR TELÉFONO) Eh, bueno... le estoy dando una vuelta, sí (SE APARTA. SILENCIO).

Ella — (POR TELÉFONO) Que sí, que soy consciente de que no puede decir esas cosas, pero déjame gestionarlo a mí por favor. Te agradezco tu interés, pero no quiero que se lo cuentes a nadie, por favor.

Ella — (POR TELÉFONO) Estoy viendo qué quiero hacer con ello.

Ella — (POR TELÉFONO) No es tan fácil, sería su palabra contra la mía y si preguntan a la gente... en fin, que no creo que nadie se haya dado cuenta.

Ella — (POR TELÉFONO) Sí, ¿tú crees que si salen mal no...

Ella — (POR TELÉFONO) ... sus evaluaciones.

Ella — (POR TELÉFONO) ¿sí? ¿crees que no... promocionaría?

Ella — (POR TELÉFONO) Bueno, ya veré qué hago, para mí es un tema muy delicado. De verdad te lo agradezco, pero no quiero que nadie se meta.

Ella — (A SENIOR ELLA) Te acabo de enviar las repuestas a las preguntas del comité sobre el sector de los festivales.

Senior Ella — Gracias, ahora las reviso ¿estás bien?

Ella — Sí, sí, me duele un poco la cabeza.

Senior Ella — ¿Quieres una pastilla?

Ella — ¡No, gracias! estoy bien.

Senior Ella — Me tengo que comprar alguna falda como tú.

Ella — A mí me gustan mucho las faldas.

Senior Ella — Tienes muchísimas.

Ella — Sí, es que siento que me quedan mejor que los pantalones.

Senior Ella — A mí en cambio me cuesta verme con falda, no estoy nada habituada.

Ella — Seguro que te quedan bien.

Senior Ella — Al final no necesitaste hablar con el cliente, ¿no?

Ella — No al final lo tenía todo para poder responder bien.

Senior Ella — Fenomenal, ¿y hace falta algo más o con lo que me has enviado estaría todo para responder al comité?

Ella — Yo creo que estaría todo, salvo que hicieran más preguntas

Senior Ella — Puede ser, es un cliente muy complicado, iremos a verlos para negociar una comisión alta.

Ella — Genial, la verdad es que está llevando mucho tiempo y esfuerzo.

Senior Ella — Por eso.

Ella — (A ÉL) Ya te he mandado el informe mensual de los ingresos que hemos ganado durante los últimos 5 años.

Él — (SILENCIO).

Senior Ella — (A ELLA) Está muy liado.

Ella — Ya, pobre.

Senior Ella — Oye si no te encuentras bien, ¿por qué no te vas a casa?

Ella — No, bueno, voy a despejarme un poco.

Senior Ella — (A ÉL) Ya he enviado todo sobre el cliente de los festivales, la semana que viene deberíamos de tener la aprobación.

Él — Muy bien, me vas diciendo. ¿Cuándo crees que firmarás el contrato?

Senior Ella — No deberíamos irnos a más de 3 semanas desde que tengamos la aprobación del comité de riesgos, faltaría negociar todos los términos comerciales y legales del contrato.

Él — En cuanto tengamos la aprobación vamos a verlos para negociar la comisión ¿qué tal con ella? ¿te está ayudando mucho?

Senior Ella — Sí, bueno, está siendo complicado, este cliente me está quitando mucho tiempo y aunque ella haga algo al final el tener que revisarlo no me lo quita nadie.

Él — Ya.

Senior Ella — Yo no sé cualquier otro senior si hubiera podido llevar a este cliente. De verdad te lo digo, yo no veo a nadie capacitado para poder llevarlo.

Él — Bueno, por eso te lo he dado a ti.

Senior Ella — Ya, bueno

Él — ¿Has hecho ya la evaluación?

Senior Ella — No, ahora la hago que estoy con mil temas.

Él — Daos prisa, (A ELLA) y ¿tú la has hecho?

Senior Ella — Voy sí, ¿tú has hecho ya la nuestra?

Él — No, voy a esperar a que hagáis todos la mía y luego la hago yo, quiero ser lo más justo posible.

(POR TELÉFONO CON SU COMPAÑERO)

Ella — (POR TELÉFONO) ¿Sí? hola, ¿qué tal?

Ella — (POR TELÉFONO. SE APARTA) Pues, no sé si voy a denunciar o no voy a denunciar, la verdad que no veo que haya sido para tanto. Te agradezco muchísimo tu interés, sé que estas realmente preocupado por mí.

Ella — (POR TELÉFONO) No, aún no he hecho la evaluación.

Ella — (POR TELÉFONO) Ya, hay que hacerla ya, sí.

Ella — (POR TELÉFONO) ¿Los 3 la han hecho ya?

Ella — (POR TELÉFONO) ¿Eso te han dicho? ¿Pero te han contado cómo le han evaluado?

Ella — (POR TELÉFONO) ¿En serio? Joder.

Ella — (POR TELÉFONO) Entonces puede que realmente se le complique la promoción. Bueno el resto del equipo me imagino que sí le evaluarán bien y faltamos tú y yo, está ahí-ahí la cosa, nada claro.

Ella — (POR TELÉFONO) También te digo que si hago la evaluación siendo sincera va a saber que he sido yo, ¿quién más va a poner que se dedica a hacer comentarios sobre su físico y demás?

Ella — (POR TELÉFONO) Bueno no sé, que le salgan mal las evaluaciones a ti no te afecta en nada.

Ella — (POR TELÉFONO) Ya, pura justicia...

Ella — (POR TELÉFONO) Bueno, voy a hacerla, luego hablamos.

Él — (A ELLA) ¿Te has mirado el análisis que han mandado el equipo de proyectos sobre las 20 franquicias de los tipos de las hamburguesas?

Ella — No, ahora me lo leo bien.

Él — Míratelo. Así es como se hace un análisis, estos tíos son cojonudos.

Ella — Sí, bueno se dedican específicamente a eso.

Él — Son muy listos, hay que ser muy listo para trabajar ahí.

Ella — Yo estoy haciendo lo que quedamos de que se note que estamos presentes.

Él — Sí, he visto que has mandado como 100 correos, no he abierto ni uno.

Ella — Ya, no los abras, no hace falta que...

Él — Directamente cojo tus emails: seleccionar, seleccionar, seleccionar y eliminar.

Él — (A SENIOR ELLA) ¿No te han contestado aún nada del comité de riesgos sobre los de los festivales?

Senior Ella — Claro que no, si no les ha dado tiempo ni a leerse mis respuestas, ¿por qué estás tan impaciente?

Él — No, joder, es importante tener bien atados los contratos que nos pueden traer buenos ingresos. Está el año complicado y no me la quiero jugar y menos en estas fechas.

Senior Ella — Tranquilo que yo te aviso en cuanto me digan algo.

Él — ¿Quién del comité de riesgos lo está analizando?

Senior Ella — Directamente el jefe.

Él — No me jodas, con lo amarrategui que es este tío.

Senior Ella — Ya lo sé, es un dolor de muelas.

(POR TELÉFONO CON SU JEFE)

Él — (POR TELÉFONO) Sí, hola, ¿qué tal? ¿novedades?

Él — (POR TELÉFONO) El de cumplimiento promociona. ¡Qué bien! se lo merece, luego le pego un toque para darle la enhorabuena.

Él — (POR TELÉFONO) Ya solo queda la mía, ¿no? ¿cuántas evaluaciones quedan?

Él — (POR TELÉFONO) ¡Dos! esperaremos entonces, quedo pendiente.

Él — (POR TELÉFONO) Venga, un abrazo, hablamos.

Senior Ella — Han contestado de riesgos, no les convence las cifras de este año.

Él — ¿Cómo que no!

Senior Ella — Pues la verdad que han sido complicadísimas de calcular porque no son datos homogéneos, ha sido un parto poder casar todas las cifras y no se fían.

Él — ¿Cómo no se van a fiar?

Senior Ella — Bueno, no sé, eso dicen.

Él — Eso es que están mal calculadas.

Senior Ella — Pues qué quieres que te diga, las ha calculado ella.

Él — Joder.

Senior Ella — De verdad, ponte a ver la información que tenemos si quieres, es una locura.

Él — No. Vamos a pedir una segunda opinión a un tercero independiente.

Senior Ella — ¿Sí?

Él — ¡Claro!

Senior Ella — Está bien, lo gestiono.

Él — Dile al comité de riesgos que vas a pedir una segunda opinión pero que continúen todo el análisis que estaban haciendo, que lo condicionen a que la segunda opinión salga favorable y ya está, pero que no se frenen. A ver si podemos tenerla antes del comité de la semana que viene.

Senior Ella — (SE ALEJA DE ÉL Y SE ACERCA A ELLA) Vuelve a rehacer todos los cálculos, como estén mal verás, se nos cae el pelo, bueno a mí no, a ti.

Ella — Claro, los reviso, no te preocupes.

Senior Ella — Por favor, llama al experto independiente para que valide las cifras.

Ella — Sí, les acabo de escribir, en cuanto me contesten te digo.

Senior Ella — No, llámales, esto tiene que estar ya.

Ella — Sí, bueno, vale. ¡Mira! me acaban de contestar.

Senior Ella — ¿Qué dicen?

Ella — Nos han mandado un presupuesto y dicen que en 3 días podrían tenerlo.

Senior Ella — Diles que adelante, por favor.

Ella — Hecho.

Senior Ella — (A ÉL) Ya está solicitada la segunda opinión, están trabajando en ella.

Él — Por eso te he puesto a ti a liderar esta operación porque dudo que ningún otro fuera capaz de gestionar algo tan complicado.

Senior Ella — Complicadísimo.

Él — Bueno, ¿has hecho ya la evaluación?

Senior Ella — La hago ya.

(SENIOR ELLA Y ELLA HACEN SUS EVALUACIONES)

Senior Ella — El negocio es el eje sobre el que vertebra sus objetivos. Tiene una mente estratégica enfocada en dar servicio al cliente a la par que creativa para pensar soluciones diversas que puedan generar mayores ingresos.

Ella — Conoce mejor que nadie las reglas del juego.

Senior Ella — Tiene un alto conocimiento técnico y es considerado como un gran experto en el mercado. Es capaz de ejecutar operaciones de forma eficiente con el cliente y su equipo.

Ella — Siendo plenamente consciente qué teclas debe de tocar para lograr sus metas.

Senior Ella — Es un gran gestor de talento capaz de conducir a su equipo hacia la consecución de los objetivos del departamento haciéndonos cada día mejor profesionales.

Ella — Con tendencia a tratar de manera desigual a los miembros del equipo.

Senior Ella — Sabe expresarte de forma clara sus opiniones sobre ti. A pesar de su timidez no duda en ser sincero en las relaciones con su equipo.

Ella — Reparte el trabajo de forma desigual evidenciando injusticias en el trato con cada subordinado.

Senior Ella — En los últimos años ha demostrado una clara evolución en sus aptitudes sociales lo que implica un sólido compromiso con su carrera profesional.

Ella — No debería hacer comentarios sobre el físico de compañeras y mucho menos de sus subordinadas. Hace imposible que la relación profesional sea justa.

Senior Ella y Ella — Por ello, considero que...

Senior Ella — Sí, debería de promocionar a director.

Ella — No debería de promocionar a director (SILENCIO).

(POR TELÉFONO CON SU JEFE)

Él — (POR TELÉFONO) ¿Tienes novedades?

Él — (POR TELÉFONO) ¿Ya han salido todas las de mis subordinados? Ahora hago yo las suyas.

Él — (POR TELÉFONO) ¿Cómo?

Él — (POR TELÉFONO) Sí, voy para allá (SE VA) (SILENCIO)

Ella — Oye, mira, los cálculos los he repasado y están bien.

Senior Ella — ¿Seguro?

Ella — Otra cosa es que no nos fiemos de las cifras que nos ha enviado el cliente.

Senior Ella — Bueno, para eso hemos pedido la segunda opinión. Lo importante es que lo que salga por nuestro lado sea intachable.

Ella — Sí.

Senior Ella — ¿Qué tal la operación que estás viendo de las galletas?

Ella — Pues la verdad que muy bien, la estoy viendo con el ex jefe del territorio norte y me está dejando mucha libertad de gestión.

Senior Ella — Si, ya me dijiste, por eso te preguntaba ¿qué tal es currar con él?

Ella — Pues la verdad es que muy guay, como es tan senior al final lo hago todo yo, es como si lo estuviera llevando yo sola, pero sin el agobio de poder cagarla, ¿entiendes?

Senior Ella — Sí, pero tú ten cuidado, se está poniendo la cosa un poco tensa con él.

Ella — Bueno, es lo que hemos hablado antes, es una putada lo que le ha pasado.

Senior Ella — Sí, pero creo que han discutido muy fuerte y están las cosas complicadas, intenta ser discreta.

Ella — Claro, sí, pero ¿por qué dices eso?

Senior Ella — Aquí más importante que ser bueno es parecerlo y a los jefes les gusta la gente que no da problemas, por lo tanto, mejor que no te relacionen con quien sí los da.

Ella — ¿Crees que le van a echar?

Senior Ella — Uy, ¡qué va! Con lo que cobra sale muy caro echarle, y él lo sabe. No tiene nada que perder, está enrabietado porque le han degradado y la está liando con todo el mundo en contra de él

Ella — No tiene nada que perder...

Senior Ella — Pues muy poco la verdad, piensa que no le pueden echar y ya le han degradado, pocas maneras tiene ya la empresa de joderle. Además, él estará deseando que le prejubilen.

Ella — Ya... solo quiere vengarse.

Senior Ella — Seguramente

Él — (ENTRA, A ELLA) ¿Puedes venir un momento?

Ella — Sí, voy.

Él — A ver, quería hablar contigo y hacer tu evaluación en persona, ¿te parece?

Ella — Sí, claro.

Él — Mira, te diré que tenemos un equipo muy bueno, todos tus compañeros son buenísimos y, bueno, quizás tú te quedas un poco por detrás ¿no? No es que seas mala, pero en comparación con el resto sí que eres claramente peor. Cometes fallos muy básicos, no tienes interiorizados conceptos que son fundamentales, te cuesta hacer análisis complejos. Y lo peor es que te aconsejo que te centres en hacer tareas que para mí son muy importantes como los informes de ingresos y te enfadas. No te das cuenta de que eso es lo que a ti se te da bien y en lo que deberías de enfocarte en trabajar para poder hacerte un hueco en el equipo. Tú piensa el día del mañana a quién voy a preferir, ¿a quién sabe llevar todos los números del departamento y que me controla todos los temas administrativos o a alguien que solo se dedica a firmar contratos por muy bueno que sea? ¿Qué pasa? ¿Por qué me miras así?

Ella — No, bueno, es que creo que sí que he hecho un buen trabajo con el cliente de los festivales que ha implicado un análisis muy complejo.

Él — No, pero no me digas esas cosas, si eso lo está haciendo todo la senior, todo el peso lo lleva ella. Este año te voy a tener que poner mala nota y bajar el sueldo. Pero de verdad no quiero que te quedes atrás. Yo quiero tu bien, tienes que fiarte de quien sabe más que tú y no ser tan orgullosa. Hazme caso este año y ya verás como todo puede mejorar. Llevo en esto muchos más años que tú, sé cómo funciona, lo difícil de esta profesión no son los números, eso hasta el más tonto los aprende a hacer, lo complicado es el desarrollo de otras aptitudes, saber moverte, crear una imagen sólida de ti mismo para que cuando pregunten por ti todos puedan decir "sí, este tío es bueno". En ocasiones tendrás que hacer cosas que no te gusten, pero en el fondo sabes que las haces por un bien mayor, no por ti, por ti solo nunca, es por algo más grande, por los que dependen de ti. Tú confía en mí que sé de lo que hablo. Si yo en el fondo soy bueno, solo busco tu bien.

(POR TELÉFONO CON SU JEFE)

Él — (POR TELÉFONO) ¿Sí, dime? (SILENCIO).

Él — (POR TELÉFONO) Muchas gracias, de verdad muchas gracias.

Él — (POR TELÉFONO) Por supuesto, estoy encantado

Él — (POR TELÉFONO) ¿cuándo se hace público?

Él — (POR TELÉFONO) ¿Cómo queda el salario?

Él — (POR TELÉFONO) ¿El bonus un 150%? Estupendo.

Él — (POR TELÉFONO) ¿Cuándo puedo escoger el coche?

Él — (POR TELÉFONO) El despacho de la esquina es el que había pedido, sí.

Él — (POR TELÉFONO) No hombre no, tengo que invitar a una buena comida de celebración.

Él — (POR TELÉFONO) Como siempre, todo sigue igual, nada cambia (ELLA SE LEVANTE Y SE VA).

PALABRAS DE AGRADECIMIENTO

En "Fucking Money Man" he querido plasmar lo que vivo cada día al trabajar en una gran empresa. Creo que es importante que el mundo vea y comprenda algo tan jodidamente difícil de justificar como es la opresión que impera en esos ambientes que mueven el mundo.

La opresión es como un viento que no vemos, pero cuyas consecuencias podemos sentir. El problema es que hemos nacido con ese viento soplándonos -a algunos de cola, a algunas de cara- lo que hace que no sea sencillo notar su presencia siendo, por tanto, fácil negar su existencia.

Y resulta que el sistema es la gran vela movida por esos vientos. Así que os imaginaréis que combatir algo aparentemente tan conveniente e invisible, más que ser una hazaña, se convierte en una demencia.

Gracias por reconocer y dar voz a nuestra demencia. Sin vosotros, que apoyáis el trabajo de nuevos creadores, el mundo se perdería parte de la riqueza de la diversidad humana. La contribución al desarrollo de una sociedad más justa pasa por acciones que están de la mano de todos y todas en cada uno de nuestros días, ninguna persona es ajena a las consecuencias del viento de la opresión.

Me siento tremendamente afortunada y concibo este reconocimiento como un aliento a seguir transformando el viento en arte.

Muchísimas gracias de corazón.

Irene Revuelta (Pamplona 1992)

Estudió Derecho y Empresariales en Madrid y lleva más de 7 años trabajando en el mundo corporativo. Comenzó a actuar en 2014 en la compañía universitaria 'No Damos Crédito' donde conoció a los integrantes de su actual 'Cía. Kurasana' con la que lleva escribiendo, produciendo y actuando desde 2021. Ha participado como actriz principal en sus 3 obras representadas en la escena madrileña de teatro alternativo, así como colaborado en la dirección artística en cada una de ellas. Actualmente se encuentra dirigiendo el proyecto "Fucking Money Man" estrenada en el Umbral de Primavera de Madrid.